Religion – Sekundarstufe I

Zeit der **Freude**
Arbeitsheft 6

von Christoph Menn-Hilger

Vorname und Nachname:

____

Klasse:

____

Schule:

____

Patmos

Inhalt

BIBEL

Mit Geschichten leben – Gestalten aus dem Alten Testament

GOTT

Himmel und Erde bewegen – Vom Beten

JESUS

Jesus – Eine unendliche Geschichte

GESCHICHTE – ENTWICKLUNGEN, KÜNSTE UND PERSONEN

Die Anfänge des Christentums in Europa

KIRCHE

Die Christen – Eine bunte Vielfalt

Hallo, liebe Schülerinnen und Schüler,

euer Arbeitsheft, das ihr in Händen haltet, soll euch ein ganzes Schuljahr begleiten. Für den unwahrscheinlichen Fall, dass ihr es einmal verliert: Tragt vorne bitte euren Namen, eure Klasse und eure Schule ein.

Mit Hilfe des Schulbuches „Zeit der Freude“ könnt ihr die Aufgaben des Heftes rasch und zuverlässig lösen. Was euch auf den folgenden Seiten alles erwartet? Lasst euch überraschen!

Zunächst sagen euch Schülerinnen und Schüler, die das Arbeitsheft bereits kennen, was sie von ihm halten.

Viel Freude mit diesem Arbeitsheft
wünscht euch

euer

Zu wenig Platz zum Schreiben!! Sonst ganz ok.

Gute Idee, falls man dass Lesen, Schreiben und Nachdenken auslassen könnte.

mehr Farbe

Mega krasser Stoff

Das Heft ist gut, nur wir mussten damit arbeiten.

Das Buch ist sehr kreativ, das ist gut.

Die Lückentexte waren gut, weil man da nicht viel selber schreiben musste,

Hammer Heft, Bombe krass

Es macht Spaß und ist sehr leicht zu verstehen.

Übersichtlich, macht spaß, interessant gestaltet

1. Abraham – Ein unerhörter Ruf (I)

Das Alte Testament erzählt, dass vor langer Zeit **Abraham** in Mesopotamien (heute Irak) den Ruf Gottes vernahm und den Auftrag erhielt, seine Heimat zu verlassen. Hier ist die biblische Erzählung als Lückentext abgedruckt.

1 Fülle den **Lückentext** aus.
Tipp: Den Anfang dieser Erzählung findest du in deinem Religionsbuch (→ ZdF S. 47 oben; aber auch die Seiten 46 und 48 können dir vielleicht eine Hilfe sein).
Die gesuchten Wörter sind in dem Kasten als „Bandwurm" aufgeschrieben.
Beachte aber: Zwischen die Lösungswörter sind andere Wörter gerutscht.

RIEFKANAANICHMACHEABRAHAMDEINEFRAUNACHKOMMENNAMENZAHLREICH
WEGWIEHABESPRACHVERFLUCHENOSTENDENALTARSTAUBVERWANDTSCHAFTAUF
ZELTHERRVOLKDERSEGENFÜNFUNDSIEBZIGLOTLANDERDE

Da sprach der ________ zu Abraham: „Zieh weg aus deinem Land, von deiner ________________________

und aus deinem Vaterhaus in das Land, das ich dir zeigen werde. Ich werde dich zu einem großen ________

machen, dich segnen und deinen ____________ groß machen. Ein ____________ sollst du sein. Ich will

segnen, die dich segnen; wer dich verwünscht, den werde ich ____________________. Durch dich sollen

alle Geschlechter der Erde Segen erlangen."

Da zog Abraham ______, wie der Herr ihm gesagt hatte, und mit ihm ging auch Lot. Abraham war

________________________ Jahre alt, als er aus Haran fortzog. Abraham nahm seine ________ Sara mit,

seinen Neffen _____ und all ihre ____________, die sie erworben hatten, und die Knechte und Mägde, die

sie in Haran gewonnen hatten. Sie wanderten nach ________________ aus und kamen dort an.

Abraham zog durch das ____________ bis zur Stätte von Sichem, bis zur Orakeleiche. Die Kanaaniter

waren damals im Land.

Der Herr erschien Abraham und ___________: „Deinen Nachkommen gebe ich dieses Land."

Dort baute er dem Herrn, der ihm erschienen war, einen __________.

Von da brach er auf zum Bergland östlich von Bet-El und schlug sein __________ so auf, dass er Bet-El im

Westen und Ai im ________ hatte. Dort baute er dem Herrn einen Altar und ____________ den Namen des

Herrn an. Dann zog ____________ immer weiter, dem Negeb zu.

aus dem Buch Genesis 12, 1-9

2 Wenn du den Lückentext richtig bearbeitet hast, dann ergeben die zwischen den Lösungswörtern übrig gebliebenen Wörter der Reihe nach gelesen einen Lösungssatz. Es ist das Versprechen, das Abraham später im Land Kanaan von Gott erhält. Schreibe den Lösungssatz auf.

____

1. Abraham – Ein unerhörter Ruf (II)

1 **Namen über Namen** – aber wer gehört zu wem? Verbinde durch Pfeile (⟵⟶), welche Paare zusammengehören. Unterstreiche und umrahme jeweils in einer Farbe, wer Sohn/Tochter von welchen Eltern ist.

♀	♂
Sara(i)	Isaak
	Jakob
Rebekka	Josef
	Esau
Rahel	Benjamin
	Abra(ha)m

2 Ordne die 9 Namen in einer **sinnvollen Reihenfolge** und trage sie in die Tabelle ein.
Erläutere jeweils in Form eines kurzen **Lexikoneintrags**, was der Name bedeutet und wer die entsprechende Person ist.
Hilfestellungen findest du in deinem Religionsbuch (→ ZdF S. 48 [das Gespräch], S. 50 [der Bibeltext], S. 51 L, S. 52)

Who is who?

Name	Lexikoneintrag
1)	
2)	
3)	
4)	
5)	
6)	
7)	
8)	
9)	

2. Mose – Der Größte seines Volkes (I)

Mit dem Namen **„Mose“** sind große Taten und bedeutende Ereignisse verbunden.

1 Fülle den ausführlichen **Lebenslauf des Mose** aus. Die nötigen Informationen findest du in deinem Religionsbuch (→ ZdF S. 57, 58 [der Bibeltext], 60, 62, 63 L, 64, 65, 66 [das Bild], 67 L).

Lebenslauf

Name: Mose

Bedeutung des Namens: ______________________

Lebte vermutlich zur Zeit des ______________ in ______________

Gruppenzugehörigkeit: ______________________

Arbeitstätigkeit bis zu seinem 40. Lebensjahr: ______________________

Eine Legende erzählt über seinen Lebensanfang: ______________________

____

____

Einschneidendes Ereignis mit 40 Jahren: ______________________

____

Sein neuer Aufenthaltsort: ______________________

Seine Ehefrau: Zippora

Seine neue Tätigkeit: ______________________

Außerordentliches Erlebnis in der Wüste: ______________________

____

Sein Auftrag: ______________________

Schwierigkeiten bei der Erfüllung seines Auftrages: ______________________

____

Die Ereignisse am Roten Meer/Schilfmeer: ______________________

____

Führt darauf die Israeliten durch ______________________

Empfängt von Gott auf dem Berg Sinai ______________________

Erreicht nach 40-jähriger Wüstenwanderung mit den Israeliten das von Gott verheißene Land. Sterbeort: Moab im Alter von 120* Jahren

* vgl. zum Verständnis ZdF S. 51 L den fünften „•“

2 Zu einem ausführlichen Lebenslauf gehören auch **Bilder**. Wähle 3 Ereignisse aus dem Leben des Mose aus und halte sie in Bildern fest. Gib deinen Bildern auch passende Überschriften.

2. Mose – Der Größte seines Volkes (II)

Mose hatte **von Gott den Auftrag** bekommen, die **Israeliten aus Ägypten herauszuführen**, weil sein Volk dort Elend erleiden und Sklavendienste leisten musste. Lange verweigerte der ägyptische Pharao aber seine Erlaubnis. Als die Israeliten endlich ziehen durften, mussten sie das Schilfmeer durchqueren.
Den **Weg des Auszugs der Israeliten** aus Ägypten und der anschließenden Wüstenwanderung kannst du auf **Karte I** in deinem Religionsbuch nachvollziehen (→ ZdF S. 240). Die Karte zeigt den Weg nach den Angaben der biblischen Erzählung. Den tatsächlichen Weg der flüchtenden Gruppe kennen wir nicht. Sie unternahm die Flucht, den Auszug (auch „Exodus" genannt) etwa 1250 Jahre vor Christi Geburt, also vor mehr als 3000 Jahren.
Der Pharao brach aber sein Versprechen und die Ägypter verfolgten die Israeliten mit Streitwagen und Reitern, um sie aufzuhalten. Trotzdem gelang die Flucht. Die Israeliten haben diese Rettung Gott zugeschrieben, der sich als Anwalt der Schwachen und als Retter aus der Gefahr erwies.

Der „Exodus" der Israeliten aus Ägypten war eine lange und beschwerliche Reise. Verfasse eine **„Story" über den Weg und die Erlebnisse der Israeliten** (→ **ZdF S. 62–67**). Du kannst darin auch von weiteren Begebenheiten erzählen – lies sie in der Bibel nach. Hier einige Vorschläge:

- Der Pharao will die Israeliten nicht frei lassen. Gott schickt daraufhin den Ägyptern verschiedene Plagen (Ex 7,8–11;10 und 12,29–30).
- Die Ägypter jagen den Israeliten nach und Gott rettet sie vor ihren Verfolgern (Ex 14,1–9 und 14,21–30).
- Mose stirbt (Dtn 34,1–10).
- Gott gibt Mose die Zehn Gebote (Ex 20,1–17).
- Gott macht ungenießbares Wasser genießbar (Ex 14,22–25a).
- Mose singt mit den Israeliten ein Lied und Miriam nimmt die Pauke (Ex 15,1–21).
- Gott sorgt für sein Volk und gibt ihm Fleisch und Brot (Ex 16,1–21).

EXODUS

3. David – Der beliebte König (I)

König David war nicht nur ein unerschrockener Feldherr und kluger Staatsmann. Die Jüdische Bibel stellt ihn auch als **großen Dichter** vor. In dem **Buch der Psalmen** werden ihm **viele Lieder** zugeschrieben.

Psalm 8: Gottes Hoheit und die Würde des Menschen – 1 Ein Lied Davids
2 Herr, unser Herrscher! Groß ist dein Ruhm auf
der ganzen Erde!
Deine Hoheit reicht höher als der Himmel. 3 Aus
dem Lobpreis der Schwachen und Hilflosen baust
du eine Mauer, an der deine Widersacher und
Feinde zu Fall kommen. 4 Ich bestaune den
Himmel, das Werk deiner Hände, den Mond und
alle die Sterne, die du geschaffen hast: 5 Wie klein ist da der Mensch, wie gering und unbedeutend!
Und doch gibst du dich mit ihm ab und kümmerst dich um ihn! 6 Ja, du hast ihm Macht und Würde
verliehen; es fehlt nicht viel, und er wäre wie du. 7 Du hast ihn zum Herrscher gemacht über deine
Geschöpfe, alles hast du ihm unterstellt: 8 die Schafe, Ziegen und Rinder, die Wildtiere in Feld und
Wald, 9 die Vögel in der Luft und die Fische im Wasser, die kleinen und die großen, alles, was die
Meere durchzieht. 10 Herr, unser Herrscher, groß ist dein Ruhm auf der ganzen Erde!

1 לַמְנַצֵּחַ עַל הַגִּתִּית מִזְמוֹר לְדָוִד:
2 יְהֹוָה אֲדֹנֵינוּ מָה אַדִּיר שִׁמְךָ בְּכָל הָאָרֶץ אֲשֶׁר תְּנָה הוֹדְךָ עַל הַשָּׁמָיִם:
3 מִפִּי עוֹלְלִים | וְיֹנְקִים יִסַּדְתָּ עֹז לְמַעַן צוֹרְרֶיךָ לְהַשְׁבִּית אוֹיֵב וּמִתְנַקֵּם:
4 כִּי אֶרְאֶה שָׁמֶיךָ מַעֲשֵׂה אֶצְבְּעֹתֶיךָ יָרֵחַ וְכוֹכָבִים אֲשֶׁר כּוֹנָנְתָּה:
5 מָה אֱנוֹשׁ כִּי תִזְכְּרֶנּוּ וּבֶן אָדָם כִּי תִפְקְדֶנּוּ:
6 וַתְּחַסְּרֵהוּ מְּעַט מֵאֱלֹהִים וְכָבוֹד וְהָדָר תְּעַטְּרֵהוּ:
7 תַּמְשִׁילֵהוּ בְּמַעֲשֵׂי יָדֶיךָ כֹּל שַׁתָּה תַחַת רַגְלָיו:
8 צֹנֶה וַאֲלָפִים כֻּלָּם וְגַם בַּהֲמוֹת שָׂדָי:
9 צִפּוֹר שָׁמַיִם וּדְגֵי הַיָּם עֹבֵר אָרְחוֹת יַמִּים:
10 יְהֹוָה אֲדֹנֵינוּ מָה אַדִּיר שִׁמְךָ בְּכָל הָאָרֶץ:

1 Was sagt das Lied Davids über Gott/über den Menschen aus? Trage Stichwörter in die Tabelle ein!

Psalm 8	
Aussagen über Gott	**Aussagen über den Menschen**
-	-
-	-
-	-
-	-
-	-
-	-
-	-

2 Diese Worte aus dem Munde eines mächtigen Königs? Wie passt das zusammen?

____

____

____

3 Versuche Psalm 8 und seine Aussagen (vgl. Aufgabe (1)) in ein **Bild** umzusetzen. Male dazu in dein Heft.

Du kannst dir den Wortlaut des Psalms 8 auf Hebräisch im Internet anhören:
http://www.hebrew4christians.com/Scripture/Ketuvim/Psalms/Psalm_8/psalm_8.html

3. David – Der beliebte König (II)

Kreuze die richtige Antwort der einzelnen Fragen an. Es ist immer nur eine Antwort richtig.

1 David lebte um

a) 1000 v. Chr. ❑ | b) 1000 n. Chr. ❑ | c) nicht wirklich ❑

2 David war als Kind ein

a) Straßenjunge ❑ | b) Hirtenjunge ❑ | c) Königssohn ❑

3 David besiegte Goliat mit einer

a) hinterhältigen List ❑ | b) Steinschleuder ❑ | c) Quizfrage ❑

4 David wurde später ein

a) bekannter Priester ❑ | b) berühmter Erfinder ❑ | c) mutiger Feldherr ❑

5 Als König war David der Nachfolger von

a) Samuel ❑ | b) Saul ❑ | c) Sanballat ❑

6 David eroberte Jerusalem durch

a) einen Brunnenschacht ❑ | b) eine Belagerung ❑ | c) einen Drachenflug ❑

7 David holte anschließend die ? nach Jerusalem.

a) Bundesmeldestelle ❑ | b) Bundeslade ❑ | c) Bundesliga ❑

8 David schrieb viele

a) Liebesbriefe ❑ | b) Schlachtpläne ❑ | c) heilige Lieder ❑

9 David wird der bekannte „Psalm 23“ zugeschrieben. Dieser beginnt mit den Worten

a) „Der Herr ist mein Hirte ...“ ❑ | b) „Der Herr ist mein Helfer ...“ ❑ | c) „Der Herr ist mein Heiland ... ❑

10 Zur Zeit Davids lebte Natan. Er war ein bekannter

a) Politiker ❑ | b) Pharisäer ❑ | c) Prophet ❑

11 **David setzte sein Vorhaben, einen prächtigen Tempel für Gott bauen zu wollen, nicht um, weil**

a) ihm das Geld ausging ❑ | b) Natan das Vorhaben ablehnte ❑ | c) bereits ein großer Tempel existierte ❑

12 **David schaffte den Mann einer schönen Frau, die ihm gefiel, beiseite durch einen**

a) Gifttrank ❑ | b) öffentlichen Mordaufruf ❑ | c) bösen Plan ❑

13 **David bereute diese Tat und deshalb vergab ihm ? seine Schuld.**

a) Gott ❑ | b) seine Ehefrau ❑ | c) die Mutter des Verstorbenen ❑

14 **Davids Kinder gingen schlechte Wege. Sein Sohn Abschalom zum Beispiel tötete**

a) David ❑ | b) einen Bruder ❑ | c) sich selbst ❑

15 **Das Königtum Davids ging schließlich nach mehr als ? Jahren unter.**

a) 50 ❑ | b) 200 ❑ | c) 400 ❑

16 **Der Nachfolger Davids hieß**

a) Mose ❑ | b) Salomo ❑ | c) Saul ❑

17 **Jesus wird in der Bibel bezeichnet als**

a) „Sohn Davids“ ❑ | b) „Vater Davids“ ❑ | c) „Bruder Davids“ ❑

18 **Die Israeliten hofften, dass Gott ihnen einen König wie David senden werde. Diesen König nannten sie auch „Messias“, das heißt übersetzt**

a) Gesandter ❑ | b) Gerufener ❑ | c) Gesalbter ❑

19 **David und Jesus wurden beide geboren in**

a) Nazaret ❑ | b) Betlehem ❑ | c) Jerusalem ❑

20 **Im ersten Satz des Neuen Testaments wird der Name „David“ erwähnt. Dieser Satz ist der erste Vers des**

a) Evangeliums nach Markus ❑ | b) Evangeliums nach Matthäus ❑ | c) Evangeliums nach Lukas ❑

Bilder von Marc Chagall

Das **Kapitel „Mit Geschichten leben – Gestalten aus dem Alten Testament“** (→ ZdF S. 44–77) beinhaltet insgesamt **sieben Bilder des jüdischen Malers Marc Chagall (1887–1985)**.
Ein Kunstkenner hat über Marc Chagall geschrieben: „Marc Chagall gilt in der Malerei des 20. Jh. als der **‚Maler-Poet‘** schlechthin.“ Und weil Chagall seine Bilder so dichterisch und erzählerisch („poetisch“) malte, haben sie auch so viel „zu sagen“ und können wir mit den Bildern „sprechen“.

Suche ein Bild von Marc Chagall deiner Wahl aus diesem Kapitel aus.
Betrachte es in Ruhe. Versuche ein Gespräch mit deinem ausgewählten Bild zu führen:

Was springt dir als erstes auf dem Bild ins Auge?

Wie wirkt das Bild auf dich?

Was gefällt dir an dem Bild am besten?

Was sagen dir die Farben auf dem Bild?

Was verstehst du an dem Bild nicht?

Seit meiner frühesten Jugend hat mich die Bibel gefesselt. Die Bibel schien mir – und scheint mir heute noch – die reichste poetische Quelle aller Zeiten zu sein. Seither habe ich ihr Abbild im Leben und in der Kunst gesucht. Die Bibel ist wie ein Nachklang der Natur, und dieses Geheimnis habe ich weiterzugeben versucht. *Marc Chagall*

Schreibe deine Gedanken, so wie sie kommen, in dem Bilderrahmen auf. Vielleicht gibt dir das Bild nach längerer Zeit der Betrachtung auch Antworten.

Sechs Stellungnahmen von Schülerinnen und Schülern

Zu Beginn dieses Kapitels findest du **sechs Stellungnahmen von Schülerinnen und Schülern** zum Beten (→ ZdF S. 78–79).

1 Lies die sechs Meinungen zum Thema „Beten“ noch einmal aufmerksam im Buch und **kreuze an**.

	Der Meinung von	… stimme ich voll zu!	… stimme ich zum Teil zu!	… stimme ich eher nicht zu!	… stimme ich gar nicht zu!	Begründung
1	**Silvia (11)**					
2	**Lukas (10)**					
3	**Melanie (10)**					
4	**Stefan (12)**					
5	**Manuela (11)**					
6	**Yannik (12)**					

2 Schreibe jeweils in Stichworten eine **kurze Begründung** für deine Entscheidung in die letzte Spalte.

3 Und wie ist **deine persönliche Meinung** zum Thema „Beten“?
Fasse sie in einigen Sätzen zusammen und trage diese in den Kasten ein.
Schreibe auch deinen **Namen** und dein **Alter** darüber.

4 Schneidet eure „Meinungskästen“ aus, und tauscht euch untereinander über eure persönlichen Meinungen aus.

______________________________ (______)

1. Mit Gott Kontakt suchen (I)

Mit Gott Kontakt suchen? Viele Mädchen und Jungen glauben nicht, dass es möglich ist, den Kontakt mit Gott zu suchen oder Kontakt mit ihm aufzunehmen.

1 Was ist **deine persönliche Meinung**?
Können wir Kontakt mit Gott suchen? Wenn nein – warum nicht? Wenn ja – wie?

2 ZdF S. 94 findetst du ein interessantes Wortspiel zum Thema „Gebet“. Übertrage es in den Kasten.
Was will das Wortspiel aussagen?:

GEBET

1. Mit Gott Kontakt suchen (II)

1 „Hallo, Mister Gott, hier spricht Anna“ ist der Titel eines spannenden Buches, das ein irischer Mathematiker unter dem Künstlernamen „Fynn“ im Jahr 1974 veröffentlicht hat. Das Buch ist seither über 3,5 Millionen Mal verkauft worden. Es basiert auf einer wahren Geschichte, die von der 6-jährigen Anna und dem damals 19-jährigen Fynn handelt.
Lies zusammen mit deiner Nachbarin/deinem Nachbarn den Auszug aus dem Buch (→ ZdF S. 80).

2 Bei einem **Schreibgespräch** unterhaltet ihr euch **nicht mit Worten**, sondern nur **mit einem Stift**. Oberstes Gebot beim Schreibgespräch ist **Schweigen**. Eine Schülerin/ein Schüler beginnt und schreibt zum Thema eine Antwort, einen Kommentar oder ene weitere Frage auf und gibt den Stift danach weiter. Die zweite/der zweite nimmt den Stift und reagiert wie bei einem Gespräch auf den Hinweis und notiert ihrerseits/seinerseits eine Antwort oder Nachfrage. Jetzt ist wieder die erste Schülerin/der erste Schüler an der Reihe – und so weiter. So entwickelt sich ein **schriftliches Gespräch**.

Führt jeweils zu zweit ein **„Schreibgespräch“** über die Frage **„Ist Mister Gott ganz groß oder ganz klein?“** durch.
Legt dazu eure Arbeitshefte nebeneinander und entscheidet, wer von euch beginnt.
Notiert eure Antworten, Kommentare und (Nach)fragen jeweils in euer eigenes Arbeitsheft.

Ist Mister Gott ganz groß oder ganz klein?
„ “
„ “
„ “
„ “
„ “
„ “
„ “
„ “

3 Lest eure „Schreibgespräche“ in der Klasse vor und sprecht über die Dialoge.

3. Die beste Gebetsschule

Jesus hat seinen Jüngerinnen und Jüngern gesagt, wie sie beten sollen. Diese Worte sind zum wichtigsten Gebet der Christenheit geworden, dem **Vaterunser**.

Um dieses Gebet genauer kennen und seine Bitten besser verstehen zu lernen, bastle eine **Vaterunser-Sternblume**.
Eine Vorlage einer solchen Sternblume zum Ausschneiden findest du hier im Arbeitsheft auf den Seiten 17 und 18 abgedruckt. Eine Vaterunser-Sternblume hat eine **Schriftseite** (Vorderseite: → S. 17) und eine **Bildseite** (Rückseite: → S. 18).
Ein Muster für die Schriftseite sieht so aus:

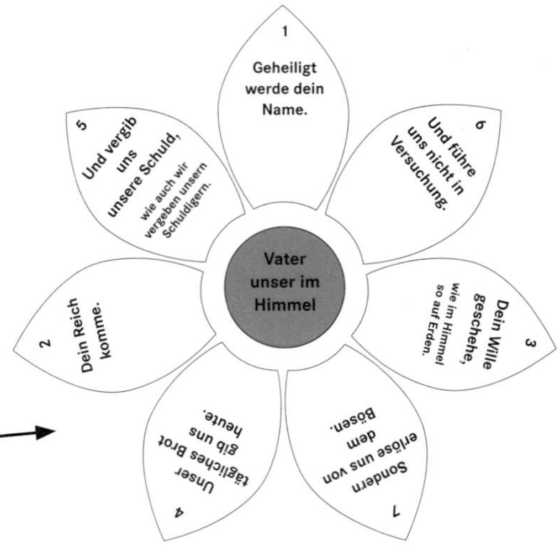

1 **Schneide** die Vaterunser-Sternblume S. 17/18 **sorgfältig aus**.

2 Beginne mit der **Schriftseite** deiner Vaterunser-Sternblume. Halte dich bei der Textverteilung und Textanordnung an das Muster. Die Textgestaltung ist deiner Phantasie überlassen.

1. Bitte
2. Bitte
3. Bitte
4. Bitte
5. Bitte
6. Bitte
7. Bitte

widerstehen leben hoffen vergeben lieben befreien glauben

3 Denke über die **7 Bitten** nach und weise jeder **ein Verb** zu. Trage dazu die 7 Verben passend in die Tabelle ein. (**Lösung** → Seite 46)

4 Finde zu jeder Bitte/jedem Verb eine Situation oder ein Symbol und gestalte dann die entsprechenden **Bildseiten** der Blumenblätter (→ Rückseiten). Notiere dabei auch die zugewiesenen Verben auf deinen Bildseiten.

5 Überlege, welche **Farbe** zu den einzelnen Bitten/Verben passt. Unterlege deine Blumenblätter von beiden Seiten jeweils mit der entsprechenden Farbe.

6 Durch **Umdrehen und Vertauschen einzelner Blätter** – die Blüte bleibt dabei immer in der Mitte liegen – entsteht immer wieder eine neue Blume. Spiele verschiedene Möglichkeiten durch und beobachte dabei,
- welche Bitte besonders hervorgehoben wird.
- wie die aufgedeckten Blumenblätter zueinander passen.
- wie sich der Gebetstext nun anhört.
- …

7 Stelle deine **fertige Vaterunser-Sternblume** deiner Nachbarin/deinem Nachbarn vor.

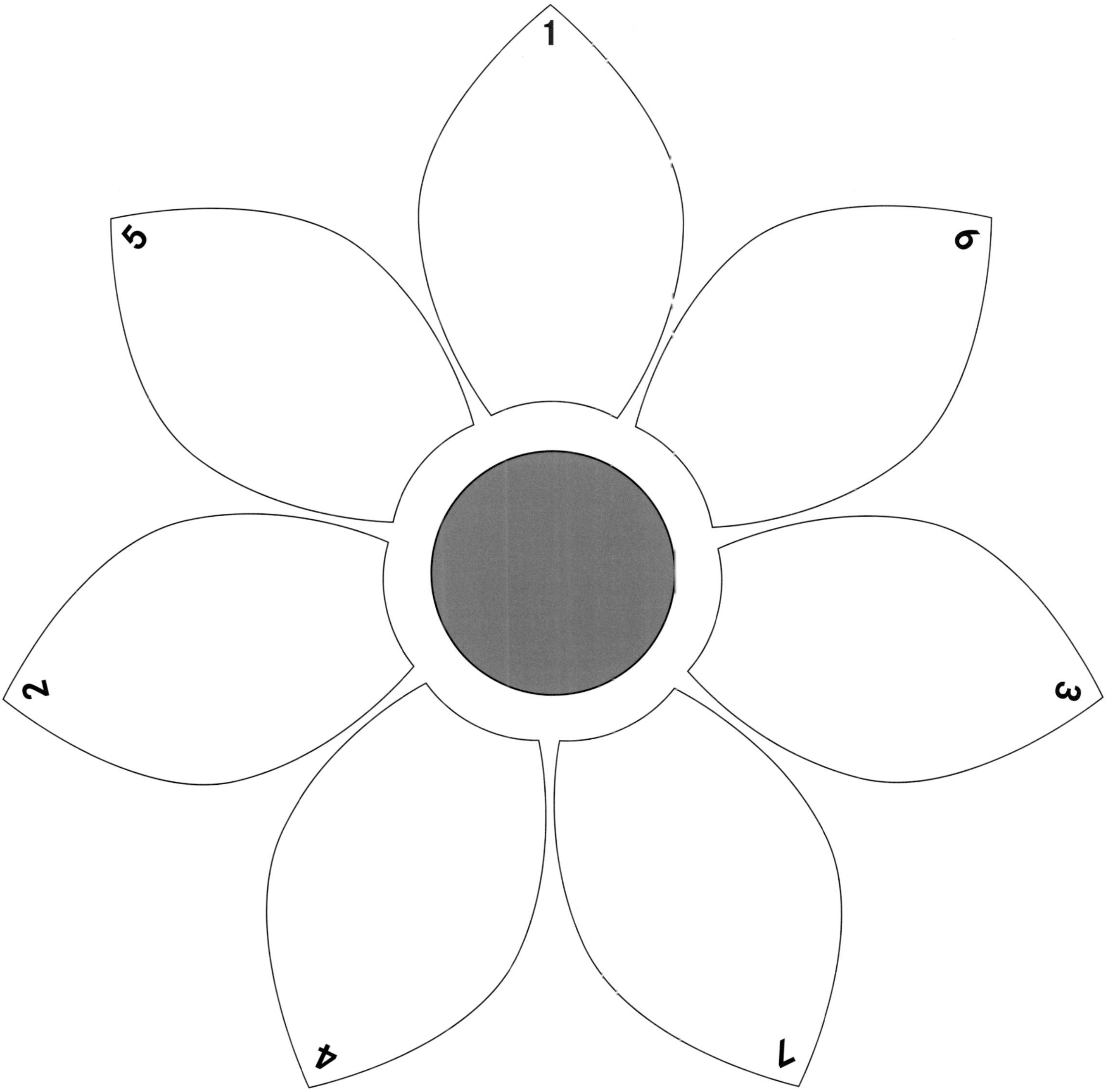
1
5
6
2
3
4
7

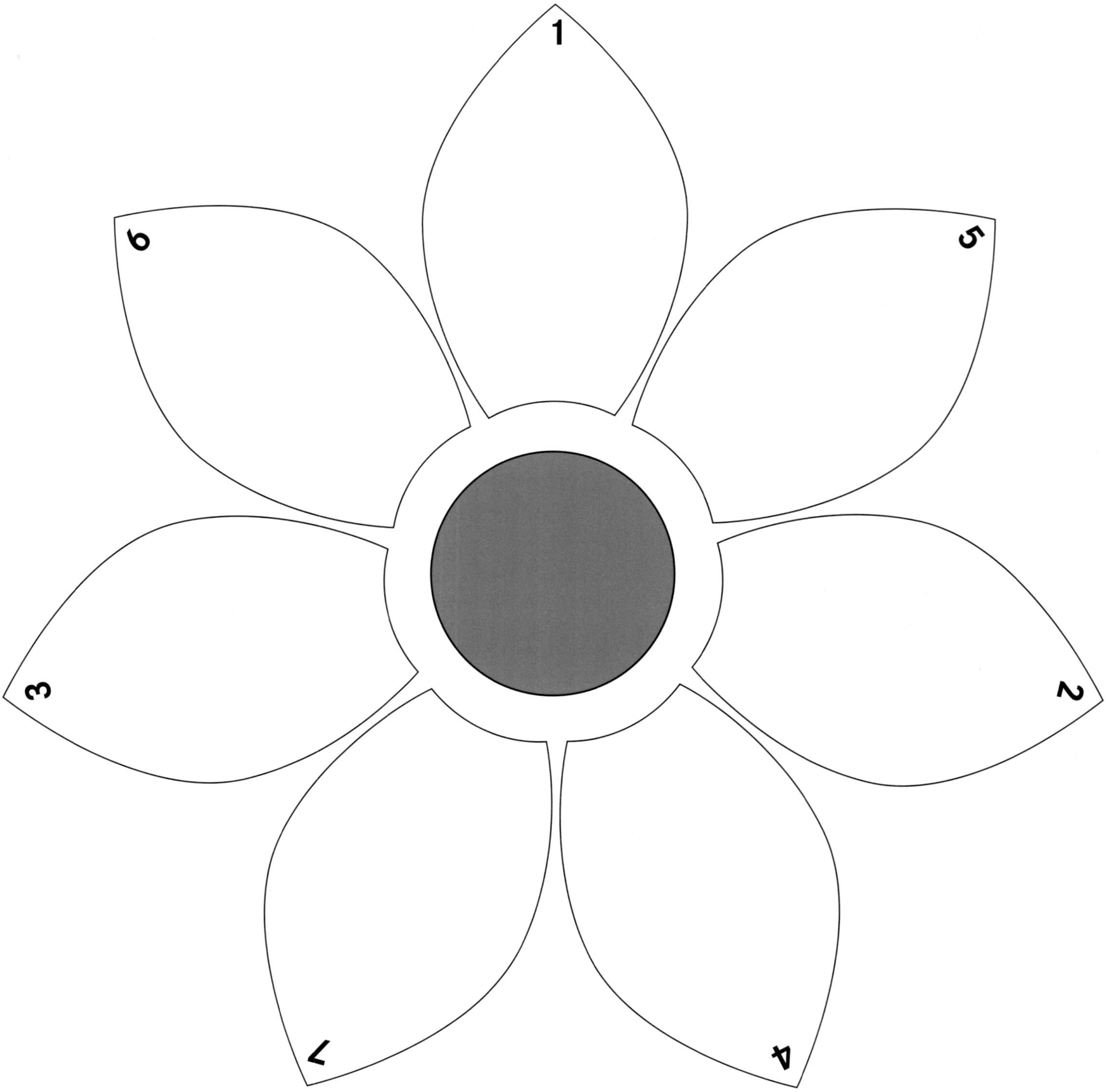
1
5
6
2
3
4
7

5. Eine ganz persönliche Sache

Thesen über Thesen ...
Hier findest du 13 Thesen zum Thema „Beten":

1) Beten lernt man in der Not.

2) Zum Beten muss man die Hände falten.

3) Wer betet, will etwas ändern.

4) Beten heißt, zur Ruhe kommen.

5) Beten nutzt doch nichts.

6) Beten kann man überall.

7) Wer betet, spricht mit Gott.

8) Nur Kinder und alte Leute beten.

9) Beten kann man lernen.

10) Wer betet, spricht mit sich selbst.

11) Beten kann man am besten in der Kirche.

12) Wer betet, erkennt seine Grenzen.

13) Im Gebet kann man alles sagen.

1 Überlege: Welche Thesen sagen etwas aus über ...

... den **Sinn** des Betens These Nr. ______

... die **Bedeutung** des Betens These Nr. ______

... die **Möglichkeiten** des Betens These Nr. ______

2 **Vergib Punkte zu den 13 Thesen.** Male dazu in das entsprechende Feld der Tabelle ●, ●● oder ●●● **grüne Punkte**, wenn du die These teilweise, ganz oder ganz besonders zutreffend findest. Male bei Ablehnung entsprechend ●, ●● oder ●●● **rote Punkte**. Gib auch eine Begründung für deine Punktevergabe an.

These	Meine Punkte	Begründung
Nr. 1		
Nr. 2		
Nr. 3		
Nr. 4		
Nr. 5		
Nr. 6		
Nr. 7		
Nr. 8		
Nr. 9		
Nr. 10		
Nr. 11		
Nr. 12		
Nr. 13		

3 Tauscht euch in der Klasse über eure Punktevergabe und Begründungen aus.

4 Schreibe **eine eigene These** zum Beten auf einen Zettel. Heftet eure Zettel an eine Pinnwand oder klebt sie auf ein Plakat. Tauscht euch auch über die Ergebnisse dieser „Zettelwand" in der Klasse aus.

6. Betende Gemeinschaft

Für den christlichen Glauben sind zwei Texte von herausragender Bedeutung. Zum einen das „Vaterunser" (→ ZdF S. 85; Arbeitsheft S. 16–18), zum anderen das **„Apostolische Glaubensbekenntnis"** (→ ZdF S. 90), kurz **„Credo"** (lat.: „Ich glaube") genannt. Das Credo geht auf die Frühzeit der Kirche zurück; in einer kürzeren Fassung liegt es seit dem 3. Jh. n. Chr. schriftlich vor.
Beantworte die folgenden 8 Fragen zum „Credo". Der Text in deinem Religionsbuch (→ ZdF S. 90) und die Hinweise auf diesem Arbeitsblatt können dir dabei helfen.

1 Was heißt „Credo" wörtlich übersetzt?

____

2 Seit wie vielen Jahren liegt das „Credo" schriftlich vor?

____

3 Wie ist das „Credo" nach einer alten Legende entstanden?

____

4 Was sagt das „Credo" über Jesus Christus aus? Fasse mit Stichworten zusammen.

- ______________________________
- ______________________________
- ______________________________

5 (a) Was fehlt im „Credo", wenn du an das Leben Jesu denkst, wie es in der Bibel erzählt wird? Nenne einzelne Punkte.

____

____

(b) Hast du eine Erklärung dafür, warum diese Aussagen im „Credo" fehlen?

____

____

6 Wann wird das „Credo" in den christlichen Kirchen gesprochen?

____

____

7 Welches Gebet hat neben dem „Credo" in den christlichen Kirchen eine herausragende Bedeutung?

____

8 Warum schließt das „Credo" mit dem Wort „Amen"? (**Tipp:** → ZdF S. 87)

____

____

7. In allen Sprachen

Überall in der Welt beten Menschen (→ ZdF S. 92 L). Deshalb ist es interessant zu erfahren, was Menschen und Völker aus aller Welt über das Beten sagen. Hier findest du 13 Äußerungen:

„Das Gebet, das ein Mensch mit all seiner Macht leistet, hat eine große Kraft."
Mechthild von Magdeburg, 1210-1285, deutsche Ordensfrau

„Willst du Gott etwas sagen, so sage es dem Wind."
Weisheit aus Ghana

„Das Gebet ändert nicht Gott, sondern der Betenden."
Sören Kierkegaard, 1813-1855, dänischer Philosoph und Theologe

„Bete nicht um leichtere Last, sondern um einen stärkeren Rücken."
Teresa von Avila, 1515–1582, spanische Kirchenlehrerin und Ordensfrau

„Bete zu Gott, aber rudere weg von den Felsen."
Indianische Weisheit

„Wenn du betest, so mache nicht viele Worte."
Chinesisches Sprichwort

„Wer Gott anruft, der braucht kein Handy."
Klaus Klages, geb. 1938, deutscher Philosoph

„Beten heißt nicht viel reden, sondern viel lieben."
Thérèse von Lisieux, 1873-1897, französische Kirchenlehrerin und Ordensfrau

„Fürbitten heißt: jemanden einen Engel senden."
Martin Luther, 1483-1546, deutscher Theologe und Reformator

„Das Ergebnis unserer Gebete ist nicht sichtbar."
Dalai Lama, geb. 1935, buddhistischer Mönch

„Dein Gebet kann dein Geschick nicht ändern. Doch vielleicht kann es dich selbst verwandeln."
Muhammed Iqbâl, 1877-1938, indisch-pakistanischer Dichter

„Wäre das Wort ‚Danke' das einzige Gebet, das du je sprichst, so würde es genügen.
Meister Eckhart, 1260-1328, deutscher Theologe und Philosoph

„Wer die Hände faltet, betet noch lange nicht."
(Deutsches Sprichwort

1 Lies die Zitate und sprich mit deiner Nachbarin/deinem Nachbarn über ihre jeweilige Bedeutung.

2 Wähle die zwei Zitate aus, die dich ganz besonders überzeugen, und die zwei, denen du nicht zustimmen kannst.

3 Erläutere die von dir ausgewählten vier Zitate mit eigenen Worten: Was sagen die einzelnen Zitate aus?

4 Gib auch eine Begründung für deine Auswahl an: Warum überzeugt dich das Zitat, warum kannst du ihm nicht zustimmen?

Hinweis: Bearbeite Aufgabe 2–4 in deinem Religionsheft.

2. Die Kindheitsgeschichte

Von der **Geburt Jesu** wird in der Bibel **an zwei Stellen ausführlich erzählt**:
1) Im Evangelium nach Matthäus
2) Im Evangelium nach Lukas

Das Evangelium nach Matthäus

1 18 Mit der Geburt Jesu Christi war es so: Maria, seine Mutter, war mit
Josef verlobt; noch bevor sie zusammengekommen waren, zeigte sich,
dass sie ein Kind erwartete – durch das Wirken des Heiligen Geistes. 19
Josef, ihr Mann, der gerecht war und sie nicht bloßstellen wollte, beschloss,
sich in aller Stille von ihr zu trennen. 20 Während er noch darüber nach-
dachte, erschien ihm ein Engel des Herrn im Traum und sagte: Josef, Sohn
Davids, fürchte dich nicht, Maria als deine Frau zu dir zu nehmen; denn das
Kind, das sie erwartet, ist vom Heiligen Geist. 21 Sie wird einen Sohn gebä-
ren; ihm sollst du den Namen Jesus geben; denn er wird sein Volk von
seinen Sünden erlösen. 22 Dies alles ist geschehen, damit sich erfüllte, was
der Herr durch den Propheten gesagt hat: 23 Seht, die Jungfrau wird ein
Kind empfangen, einen Sohn wird sie gebären, und man wird ihm den
Namen Immanuel geben, das heißt übersetzt: Gott ist mit uns. 24 Als Josef
erwachte, tat er, was der Engel des Herrn ihm befohlen hatte, und nahm
seine Frau zu sich. 25 Er erkannte sie aber nicht, bis sie ihren Sohn gebar.
Und er gab ihm den Namen Jesus.
2 1 Als Jesus zur Zeit des Königs Herodes in Betlehem in Judäa geboren
worden war, kamen Sterndeuter aus dem Osten nach Jerusalem. 9 Und
der Stern, den sie hatten aufgehen sehen, zog vor ihnen her bis zu dem Ort,
wo das Kind war; dort blieb er stehen. 10 Als sie den Stern sahen, wurden sie
von sehr großer Freude erfüllt. 11 Sie gingen in das Haus und sahen das
Kind und Maria, seine Mutter; da fielen sie nieder und huldigten ihm.
Dann holten sie ihre Schätze hervor und brachten ihm Gold, Weihrauch
und Myrrhe als Gaben dar.

1 Was gibt es bei ***Matthäus und Lukas***? Unterstreiche die **Gemeinsamkeiten**, die du bei beiden Erzählungen entdeckst, im rechten und linken Text jeweils **in grün**.

2 Was gibt es ***nur bei Matthäus***, was Lukas nicht hat? Unterstreiche die **Besonderheiten bei Matthäus** im linken Text **in blau**.

3 Was gibt es ***nur bei Lukas***, was Matthäus nicht hat? Unterstreiche die **Besonderheiten bei Lukas** im rechten Text **in schwarz**.

Versuche dich als Bibeldetektiv!

Das Evangelium nach Lukas

2 [1] In jenen Tagen erließ Kaiser Augustus den Befehl, alle Bewohner des
Reiches in Steuerlisten einzutragen. [2] Dies geschah zum erstenmal;
damals war Quirinius Statthalter von Syrien. [3] Da ging jeder in seine Stadt,
um sich eintragen zu lassen. [4] So zog auch Josef von der Stadt Nazaret in
Galiläa hinauf nach Judäa in die Stadt Davids, die Betlehem heißt; denn er
war aus dem Haus und Geschlecht Davids. [5] Er wollte sich eintragen lassen
mit Maria, seiner Verlobten, die ein Kind erwartete. [6] Als sie dort waren,
kam für Maria die Zeit ihrer Niederkunft, [7] und sie gebar ihren Sohn, den
Erstgeborenen. Sie wickelte ihn in Windeln und legte ihn in eine Krippe,
weil in der Herberge kein Platz für sie war.
[8] In jener Gegend lagerten Hirten auf freiem Feld und hielten Nachtwache
bei ihrer Herde. [9] Da trat der Engel des Herrn zu ihnen und der Glanz des
Herrn umstrahlte sie. Sie fürchteten sich sehr, [10] der Engel aber sagte zu
ihnen: Fürchtet euch nicht, denn ich verkünde euch eine große Freude, die
dem ganzen Volk zuteil werden soll: [11] Heute ist euch in der Stadt Davids
der Retter geboren; er ist der Messias, der Herr. [12] Und das soll euch als
Zeichen dienen: Ihr werdet ein Kind finden, das, in Windeln gewickelt, in
einer Krippe liegt. [13] Und plötzlich war bei dem Engel ein großes himmli-
sches Heer, das Gott lobte und sprach: [14] Verherrlicht ist Gott in der Höhe
und auf Erden ist Friede bei den Menschen seiner Gnade.

4 Hast du eine **Vermutung**, warum die zwei Erzählungen neben den Gemeinsamkeiten auch viele Unterschiede aufweisen?

____

5 Zum Schluss eine Frage für **Bibelexperten**. Warum wurden zwei Texte, die von der Geburt Jesu erzählen, in die Bibel aufgenommen? Hätte nicht ein Text gereicht?

____

3. Das zentrale Thema (I)

Die **Wunder Jesu** zählen zu den Texten im Neuen Testament, die bei vielen Menschen Fragen aufwerfen: Konnte Jesus wirklich Wunder tun? Und: Was ist überhaupt ein Wunder?

1 Schreibe, um diese Fragen zu beantworten, einen kurzen **Lexikonartikel** zum Stichwort „Wunder Jesu“ für ein Jugendlexikon. Verwende dabei möglichst die am Rand angegebenen Begriffe. Die Texte „Das Reich Gottes“ und „L“ in deinem Religionsbuch auf Seite 132 können dir bestimmt eine Hilfe sein.

Wunder Jesu:

Reich Gottes
Gleichnisse
Welt
Menschen
Hoffnungszeichen

2 Die Wundererzählungen Jesu haben oft einen ganz **besonderen Aufbau**:
1) Ortsangabe, 2) Hilferuf, 3) Wunder, 4) Reaktion (→ ZdF S. 132 M2c)
(a) Überprüfe diese **vier Schritte** an dem Beispiel der „Heilung eines Blinden bei Jericho“:
- Lies dazu noch einmal den Bibeltext in deinem Religionsbuch nach (→ S. 131).
- Überprüfe dann den Aufbau der Wundererzählung anhand der **Methode M2c Den Aufbau der Wundererzählungen entdecken** (→ S. 132).

(b) Auf den folgenden Seiten findest du drei **weitere spannende Wundererzählungen** aus dem Evangelium nach Lukas.
Versuche dich als **Bibelforscher**: Kannst auch den Aufbau dieser Wundererzählungen entschlüsseln? Fülle dazu die Tabelle aus.

	Ortsangabe und Situationsbeschreibung	**Hilferuf**	**Das Wunder Jesu**	**Die Reaktion des Geheilten/der Leute**
I	Lk 5,12			
II				
IIII				

I Heilung eines Aussätzigen

12 Als Jesus in einer der Städte war, kam ein Mann, der am ganzen Körper Aussatz hatte. Sobald er Jesus
sah, warf er sich vor ihm zu Boden und bat ihn: Herr, wenn du willst, kannst du machen, dass ich rein
werde.
13 Da streckte Jesus die Hand aus, berührte ihn und sagte: Ich will es – werde rein! Im gleichen Augen-
blick verschwand der Aussatz. 14 Jesus befahl ihm: Erzähl niemand davon, sondern geh, zeig dich dem
Priester und bring das Reinigungsopfer dar, wie es Mose angeordnet hat. Das soll für sie ein Beweis
(deiner Heilung) sein.
15 Sein Ruf verbreitete sich immer mehr, sodass die Menschen von überall herbeiströmten. Sie alle
wollten ihn hören und von ihren Krankheiten geheilt werden. 16 Doch er zog sich an einen einsamen Ort
zurück, um zu beten.

aus dem Evangelium nach Lukas 5,12-16

II Heilung eines besessenen Jungen

(**Tipp:** Lies vorab zum Verständnis ZdF S. 133 A1 ab „In früheren Zeiten ...")

37 Als sie am folgenden Tag den Berg hinabstiegen, kam ihnen eine große Menschenmenge entgegen.
38 Da schrie ein Mann aus der Menge: Meister, ich bitte dich, hilf meinem Sohn! Es ist mein einziger.
39 Er ist von einem Geist besessen; plötzlich schreit er auf, wird hin und her gezerrt und Schaum tritt ihm
vor den Mund, und der Geist quält ihn fast unaufhörlich. 40 Ich habe schon deine Jünger gebeten ihn
auszutreiben, aber sie konnten es nicht.
41 Da sagte Jesus: O du ungläubige und unbelehrbare Generation! Wie lange muss ich noch bei euch sein
und euch ertragen? Bring deinen Sohn her! 42 Als der Sohn herkam, warf der Dämon ihn zu Boden und
zerrte ihn hin und her. Jesus aber drohte dem unreinen Geist, heilte den Jungen und gab ihn seinem
Vater zurück.
43a Und alle gerieten außer sich über die Macht und Größe Gottes. Alle Leute staunten über das, was
Jesus tat.

aus dem Evangelium nach Lukas 9,37-43a

III Auferweckung eines jungen Mädchens

40 Als Jesus (ans andere Ufer) zurückkam, empfingen ihn viele Menschen; sie hatten alle schon auf ihn
gewartet. 41 Da kam ein Mann namens Jaïrus, der Synagogenvorsteher war. Er fiel Jesus zu Füßen und
bat ihn, in sein Haus zu kommen. 42 Denn sein einziges Kind, ein Mädchen von etwa zwölf Jahren, lag im
Sterben. Während Jesus auf dem Weg zu ihm war, drängten sich die Menschen um ihn und erdrückten
ihn beinahe. [...] 49 Während Jesus noch redete, kam einer, der zum Haus des Synagogenvorstehers
gehörte, und sagte (zu Jaïrus): Deine Tochter ist gestorben. Bemüh den Meister nicht länger. 50 Jesus
hörte es und sagte zu Jaïrus: Sei ohne Furcht; glaube nur, dann wird sie gerettet.
51 Als er in das Haus ging, ließ er niemand mit hinein außer Petrus, Johannes und Jakobus und die Eltern
des Mädchens. 52 Alle Leute weinten und klagten über ihren Tod. Jesus aber sagte: Weint nicht! Sie ist
nicht gestorben, sie schläft nur. 53 Da lachten sie ihn aus, weil sie wussten, dass sie tot war. 54 Er aber
fasste sie an der Hand und rief: Mädchen, steh auf! 55 Da kehrte das Leben in sie zurück und sie stand
sofort auf. Und er sagte, man solle ihr etwas zu essen geben.
56 Ihre Eltern aber waren außer sich. Doch Jesus verbot ihnen, irgendjemand zu erzählen, was gesche-
hen war.

aus dem Evangelium nach Lukas 8,40-56

3 **Zum Schluss:** Welche der insgesamt fünf Wundererzählungen aus dem Evangelium nach Lukas hat dich besonders interessiert? Wähle **deine Lieblingserzählung** aus und stelle sie als **Bildergeschichte** dar. Zeichne dazu 5–6 Rahmen der Größe 8 cm x 8 cm in dein Religionsheft.

3. Das zentrale Thema (II)

Das **Programm Jesu** lässt sich in dem sogenannten **„Doppelgebot der Liebe“** zusammenfassen:

1) Du sollst den Herrn, **deinen Gott, lieben** mit ganzem Herzen, mit ganzer Seele und mit ganzer Kraft. (nach Dtn 6, 5) & 2) **Deinen Nächsten** sollst du **lieben** wie dich selbst. (Lev 19, 18)

Dieses „Doppelgebot der Liebe“ spielt in dem bekannten **Gleichnis vom barmherzigen Samariter** eine wichtige Rolle.

1 Lies den Bibeltext in deinem Religionsbuch nach (→ S. 135 „Das wichtigste Gebot“ und „Der barmherzige Samariter“). Beachte dabei auch die Hinweise, die in den sechs Fußnoten stehen.

2 Vergleiche diese Darstellung vom Gleichnis vom barmherzigen Samariter mit dem Bild in deinem Religionsbuch (→ ZdF S. 134). Fülle dazu die Tabelle aus:

	Codex von Rossano	**Matthäus Merian**
1) Wie viele Teile kannst du erkennen und was stellen sie dar?		
2) Welche Szenen des Gleichnisses sind berücksichtigt, welche nicht?		
3) Wie ist der Hintergrund des Bildes gestaltet?		
4) Wie ist der Samariter dargestellt?		
5) Hat der Maler die biblische Erzählung (→ ZdF S. 135) „richtig“ umgesetzt?		

Matthäus Merian d. Ä. (1593–1650), Der barmherzige Samariter

3 „Und wer ist mein Nächster?“, fragte der Gesetzeslehrer Jesus (Lk 10, 29). Die Frage ist bis heute aktuell: Wer ist dein Nächster? **Aktualisiere das berühmte Gleichnis vom barmherzigen Samariter.** Versuche dazu, die biblische Vorlage sprachlich und inhaltlich in unsere Zeit zu versetzen, so dass die Erzählung in einer **„Bibel von HEUTE“** Platz finden könnte. Vielleicht kannst du die Geschichte an eine Begebenheit anschließen, die du selbst erlebt hast.

BIBEL VON HEUTE

Wer ist dein Nächster?
Ein Gleichnis von HEUTE

4. Kreuz und Auferstehung

1 Fülle den **Lückentext zum Thema „Auferstehung“** aus. Beachte dabei, dass die Lösungswörter als Bandwurm aufgeschrieben sind.

HIMMELNICHTSAUFERSTEHUNGGRÄBERNFOTOGOTTTODLEBENSGOLGOTAAUGENSYMBOLE

Was „Auferstehung“ ist, können wir Menschen mit unseren äußeren __________ nicht sehen. Deshalb wäre es auch nicht möglich gewesen, die Auferstehung Jesu auf einem __________ oder in einem Film festzuhalten. Wäre ein Fernsehteam auf __________ dabei gewesen, es hätte __________ von der Auferstehung filmen können. Was „Auferstehung“ heißt, lässt sich nur in der Sprache der __________ sagen. „Auferstehung“ meint nicht, dass Tote aus ihren __________ aufstehen oder nach oben in den __________ wegschweben, sondern, dass sie ganz bei __________ sind und bei ihm leben. Gott ist ein Gott des __________. Und deshalb dürfen wir Menschen hoffen, dass auch unser Lebensende nicht der __________ ist, sondern die __________ zum Leben bei Gott.

2 Da wir Menschen das, was „Auferstehung“ ist, nicht sehen können, wollen wir keine konkreten Darstellungen zum Thema „Auferstehung“ zeichnen. Versuche daher, **ein Bild von Auferstehung nur mit Farben zu malen**. Überlege dabei auch, wie du die Farben anordnen willst.

2. Neue Energie in einer alten Welt

1 Entschlüssle die **fünf Begriffe** (AE=Ä; UE=Ü; OE=Ö)und erläutere sie. Es handelt sich um Personen oder Personengruppen (→ ZdF S. 166–167). Die erste Entschlüsselung und Erklärung ist vorgegeben.

	Verschlüsselung	**Entschlüsselung**	**Erklärung**
1	ENRO	NERO	Kaiser des Römischen Reiches (54–68 n. Chr.). Er zettelte die erste Christenverfolgung an.
2	TRAMYRERE		
3	LEKTONIDIA		
4	SIECUD		
5	RESCHTIN		

2 In deinem Religionsbuch wird von einem ersten heftigen **Konflikt** berichtet (→ ZdF S. 167), den die Christen mit dem römischen Staat hatten. Beschreibe den Konflikt und erläutere seine Gründe mit eigenen Worten.

____

____

3 **Fragen über Fragen** – damals und heute! Nicht nur die Leute im Römischen Reich stellten sich Fragen wie die, die in deinem Religionsbuch abgedruckt sind (→ ZdF S. 166). **Auch heute** haben **viele Menschen Fragen zum Christentum**, den Christen, ihrem Glauben, ihrem Verhalten oder ihren Gewohnheiten.

(a) Liste vier solcher aktueller Fragen auf:

1. ______________________________
2. ______________________________
3. ______________________________
4. ______________________________

(b) Tausche mit deiner Nachbarin/deinem Nachbarn das Arbeitsheft aus und versucht, die Fragen der/des jeweils anderen zu beantworten.

1. ______________________________
2. ______________________________
3. ______________________________
4. ______________________________

(c) Sprecht in der Klasse über eure Fragen und Antwortversuche.

3. Unterirdische Hoffnungsorte – Die Katakomben

1 Löse das **Kreuzworträtsel**. Beantworte dazu die 15 Fragen zum Thema „Katakomben“ (→ ZdF S. 168–169) und trage die Wörter in die passenden Felder ein (Ä=AE; Ü=UE; Ö=OE; ß=SS).

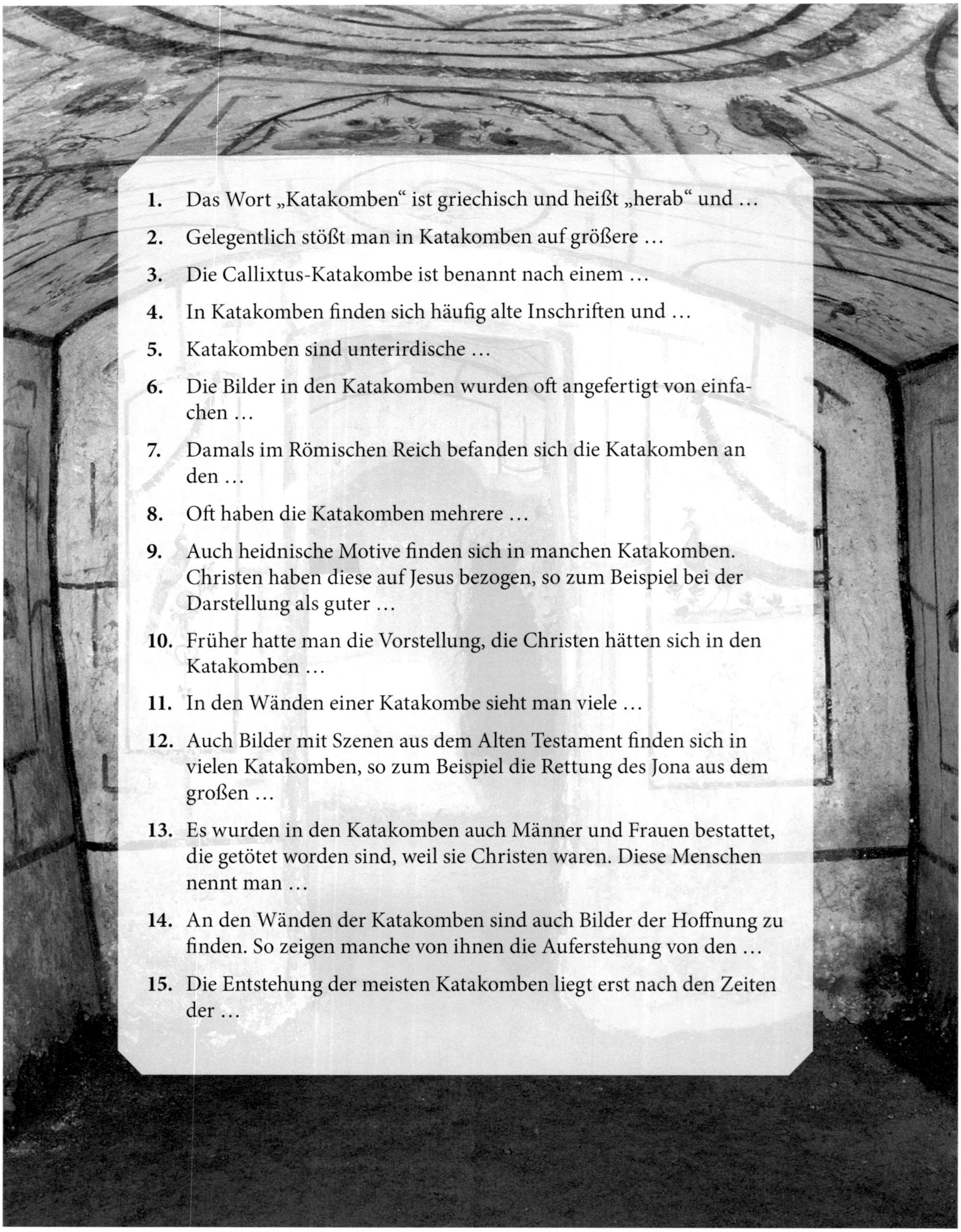

1. Das Wort „Katakomben“ ist griechisch und heißt „herab“ und …
2. Gelegentlich stößt man in Katakomben auf größere …
3. Die Callixtus-Katakombe ist benannt nach einem …
4. In Katakomben finden sich häufig alte Inschriften und …
5. Katakomben sind unterirdische …
6. Die Bilder in den Katakomben wurden oft angefertigt von einfachen …
7. Damals im Römischen Reich befanden sich die Katakomben an den …
8. Oft haben die Katakomben mehrere …
9. Auch heidnische Motive finden sich in manchen Katakomben. Christen haben diese auf Jesus bezogen, so zum Beispiel bei der Darstellung als guter …
10. Früher hatte man die Vorstellung, die Christen hätten sich in den Katakomben …
11. In den Wänden einer Katakombe sieht man viele …
12. Auch Bilder mit Szenen aus dem Alten Testament finden sich in vielen Katakomben, so zum Beispiel die Rettung des Jona aus dem großen …
13. Es wurden in den Katakomben auch Männer und Frauen bestattet, die getötet worden sind, weil sie Christen waren. Diese Menschen nennt man …
14. An den Wänden der Katakomben sind auch Bilder der Hoffnung zu finden. So zeigen manche von ihnen die Auferstehung von den …
15. Die Entstehung der meisten Katakomben liegt erst nach den Zeiten der …

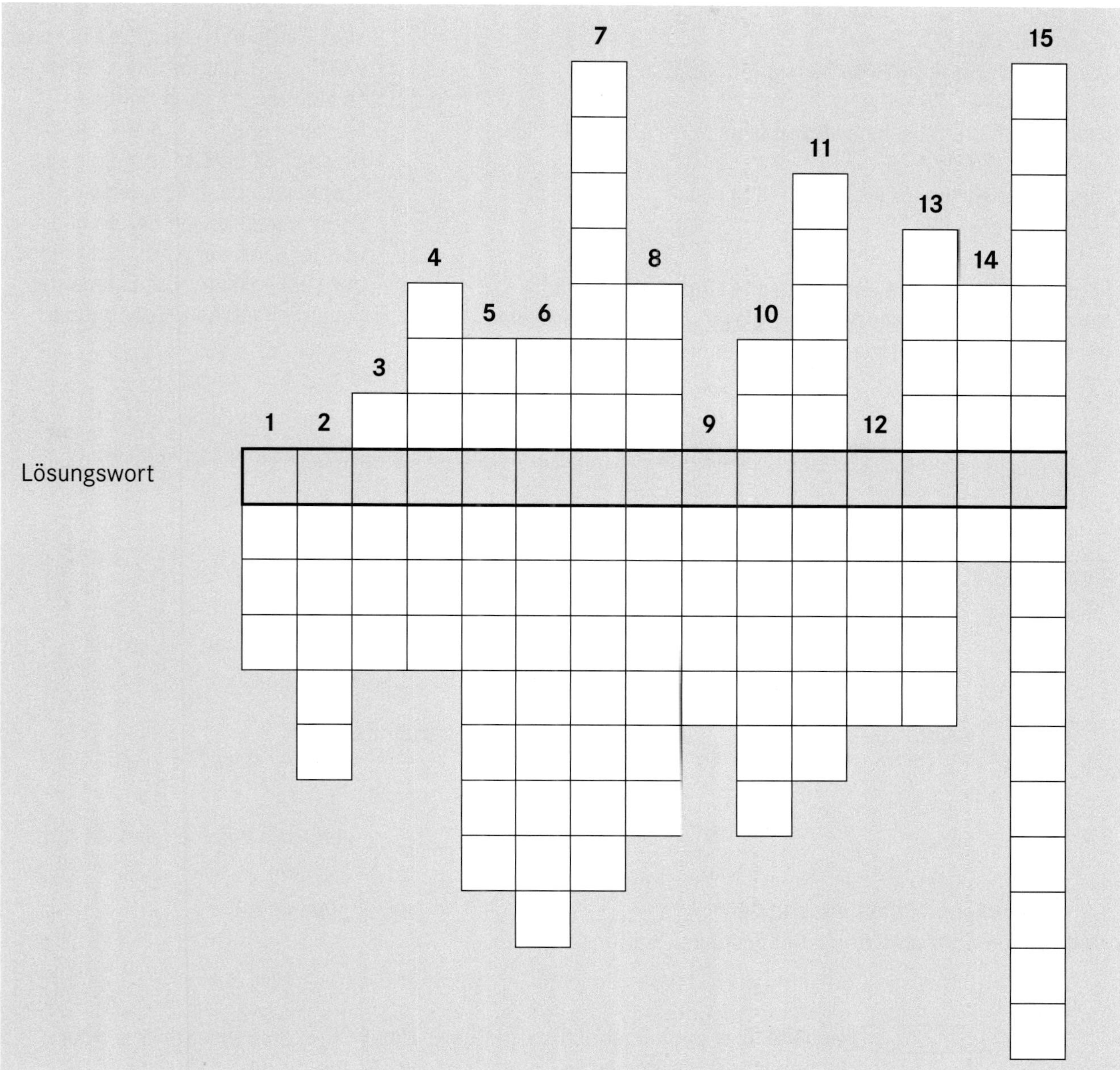

2 Erläutere, was das Lösungswort (→ Lösung Seite 46) mit dem Thema zu tun hat.

4.–8. Konstantin – Benedikt – Bonifatius – Karl

Vier besonders herausragende und dabei **sehr verschiedene Gestalten** in den ersten 1000 Jahren der Kirchengeschichte waren

1. der römische Kaiser **Konstantin** der Große (306–337 n. Chr.)
   → ZdF S. 170–171
2. der Mönch **Benedikt** von Nursia (480–547 n. Chr.)
   → ZdF S. 174–175
3. der Mönch und Missionar **Bonifatius** (672/675–754 n. Chr.)
   → ZdF S. 176–177
4. der Kaiser **Karl** der Große (768–814 n. Chr.)
   → ZdF S. 178–179

1 In dem Kasten findest du **20 Aussagen über die vier Gestalten**, die wörtlich oder sinngemäß in den Texten im Buch enthalten sind. Finde das gesuchte Lückenwort (_ _ _ _) und trage dieses zusammen mit dem richtigen Namen ([ ]) ein. Ein Beispiel ist bereits vorgegeben.
Tipp: Lies abschnittsweise die oben angegebenen Seiten und überlege, ob der Abschnitt einen der Lückensätze zum Thema hat. Fülle die Platzhalter dann direkt aus.

[Konstantin] verehrte eine römische Gottheit mit dem Namen „Unbesiegbarer Sonnengott“, die er später leicht mit dem Christengott gleichsetzen konnte.

[ ] fällte eine _ _ _ _ _, die dem Germanengott Donar geweiht war.

[ ] war der wichtigste Mann für das _ _ _ _ _ _ _ _ _ in Europa.

[ ] wurde auf Bitte einiger Mönche aus einem nahen Kloster ihr _ _ _.

[ ] vollbrachte in _ _ _ _ _ _ _ _ (in Hessen) seine wohl berühmteste Tat.

[ ] hat die _ _ _ _ _ _ _ _ gefördert wie niemand vor ihm.

[ ] erkannte, dass die brutalen _ seiner Vorgänger das Römische Reich tief gespalten hatten.

[ ] handelte aber auch unchristlich, indem er Nicht-Christen benachteiligte oder sogar verfolgte; besonders verhängnisvoll wirkte sich die Wende für die _ _ _ _ _ aus.

[ ] wird „der Apostel der _ _ _ _ _ _ _ _ _ _“ genannt.

[ ] lebte als junger Mann drei Jahre in einer tiefen _ _ _ _ _ in Einsamkeit und Askese.

[ ] wurde an _ _ _ _ _ _ _ _ _ _ _ _ _ des Jahres 800 n. Chr. in Rom zum Kaiser gesalbt.

[ ] gab den Christen viele Rechte und Vergünstigungen und führte den Sonntag als gesetzlichen _ _ _ _ _ _ _ _ _ ein.

[ ] hat für die _ _ _ _ _ _ viel Gutes getan.

2 Wenn es dir gelungen ist, die Aussagen richtig zuzuweisen, dann hast du zu jeder der vier Gestalten fünf Sätze vorliegen. Ordne die fünf Aussagen jeweils einer Person zu und bringe sie in eine **sinnvolle Reihenfolge**.
Fertige vier Personenkästen auf einem **DIN A3-Plakat** an und schreibe die Sätze in verschiedenen Farben jeweils hinein. Male auch ein Bild, wie du dir die entsprechende Gestalt vorstellst.
Gestalte dein Plakat unter der Überschrift „Die ersten tausend Jahre – wichtige Personen".

3 Was fällt dir auf, wenn du die vier herausragenden Gestalten miteinander vergleichst? Welche Gemeinsamkeiten entdeckst du? Welche Unterschiede? Schreibe in dein Heft.

MUSTER

Kaiser **Konstantin** der Große
(306–337 n. Chr.)

- verehrte eine römische Gottheit mit dem Namen „Unbesiegbarer Sonnengott", die er später leicht mit dem Christengott gleichsetzen konnte
-
-
-
-

__________ verfolgte mit seinem Schritt, sich auf die Seite der Christen zu schlagen, vor allem __________ Interessen, weil sich inzwischen viele Menschen für das Christentum begeisterten.

__________ kehrte aber schon nach kurzer Zeit enttäuscht wieder zurück, weil er erlebt hatte, dass die Mönche nicht mehrmals am Tag _____ und im Kloster arbeiten wollten.

__________ gründete 529 n. Chr. auf einem steilen Berg zwischen Rom und Neapel ein eigenes neues _______ mit festen Regeln für die Mönche.

__________ wandte aber auch ______ an und war zu seinen Feinden grausam.

__________ wurde im Alter von ca. 80 Jahren von Fanatikern erschlagen und in seinem Lieblingskloster in _____ begraben.

__________ war die erfolgreichste Gestalt bei der Bekehrung der ________.

__________ hat das Werk des __________ weiter geführt, indem er die noch nicht zu Christen gewordenen Germanenstämme „christianisierte".

5./9. Die Erfindung der Kirche – Die Basilika/Die Romanik (I)

1 Beantworte **zum Einstieg** die **drei Fragen zum Thema** „Die Erfindung der Kirche – Die Basilika" (→ ZdF S. 172–173).

a) In welchen Gebäuden versammelten sich die Christen **von den Anfängen an** bis zum Beginn des 4. Jh. n. Chr.? Warum trafen sie sich hier?

____

____

____

b) Warum veränderte sich die Situation **im Jahr 313 n. Chr.**? Was war fortan anders?

____

____

____

____

c) Als Vorbild für den Bau ihrer ersten Kirchen nahmen die Christen die römische **„Basilika"**, also kaiserliche Paläste, städtische Markhallen oder öffentliche Gerichtssäle.
Welche Aufgaben hatten ihre ersten Kirchen (Basiliken) zu erfüllen? Und welche Aufgaben erfüllen **Kirchenbauten heute**? Fallen dir Unterschiede auf?

____

____

____

____

Die Grundform der christlichen Basilika (→ ZdF S. 172–173) wurde im Laufe der Jahrhunderte weiterentwickelt. So entstand der **romanische Kirchenbau** (→ ZdF S. 180 **L**), der zwischen ca. 1080 und 1200 n. Chr. seine Blütezeit hatte. Den **Grundriss einer romanischen Kirche** findest du im Buch (→ ZdF S. 180).
Die **wichtigsten Elemente** einer romanischen Kirche sind ebenfalls im Buch aufgelistet:

- auf Seite 173 „Elemente der Basilika"
- auf Seite 180–181 „Elemente der romanischen Baukunst"

2 Entwirf ein **Memory** bestehend aus 15 Pärchen zu den Elementen einer romanischen Kirche.
(a) Schneide zunächst auf den folgenden zwei Blättern die 2 x 15 Karten aus.
Sechs Memorypärchen sind bereits fertig. Die übrigen neun leeren Memorypärchen (= 18 Karten) musst du noch selber ausfüllen und gestalten. Überlege dir dazu neun weitere wichtige Elemente einer romanischen Kirche. Trage wie bei den fertigen Karten den Begriff auf zwei Karten ein und zeichne darunter jeweils ein passendes Bild oder Symbol.
Ideen findest du im Buch: Neben den Texten (→ ZdF S. 173; 180–181) können dir auch die Aufgaben **A1** (→ ZdF S. 173) und **A2** (→ ZdF S. 181) eine Hilfe sein.
(b) Zum Schluss kannst du – wenn du möchtest – die Motive auf den 30 Karten paarweise farbig gestalten.
(c) Spielt nun in der Klasse jeweils zu 2–4 Personen eure Memorys.
Spielregel für Fortgeschrittene: Du darfst ein Pärchen, nachdem du es richtig aufgedeckt hast, nur dann behalten, wenn du den Begriff auch erklären kannst!

ACHTUNG Bitte keine Filzstifte für die Memorykarten benutzen!

ALTAR

OSTEN

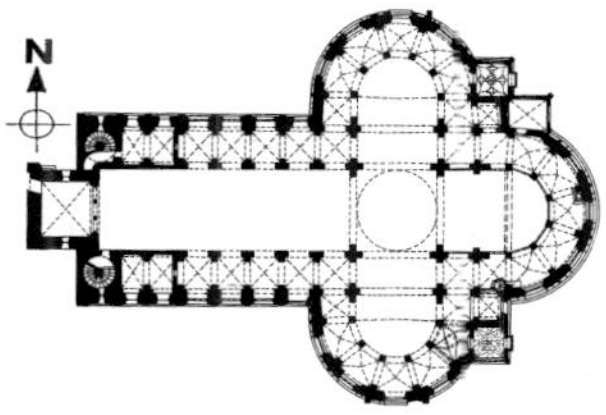

AMBO

KAPITELL

RELIQUIEN

KRYPTA

ALTAR

OSTEN

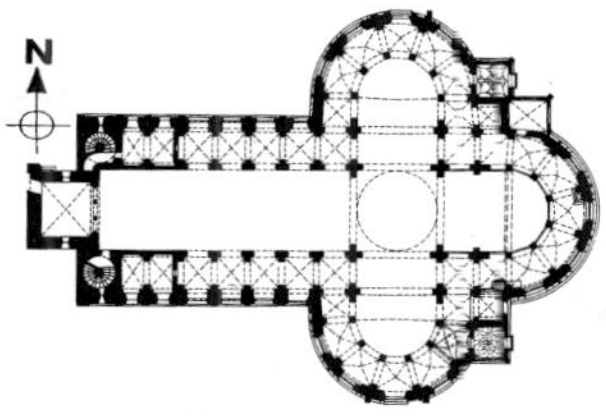

AMBO

KAPITELL

RELIQUIEN

KRYPTA

5./9. Die Erfindung der Kirche – Die Basilika/Die Romanik (II)

Am Ende des Kapitels „Die Anfänge des Christentums in Europa“ weißt du nun viel über den Ursprung unserer Kirchengebäude (→ ZdF S. 172), deren Weiterentwicklung (→ ZdF S. 180) und deren wichtige Elemente (→ Arbeitsheft S. 36).

Wie sieht aber **deine persönliche Wunschkirche** aus?

1 Versetze dich in die **Rolle eines Architekten** und zeichne einen großen Grundriss deiner Wunschkirche in dein Heft. Einige Grundrisse von Kirchen findest du zur Anregung auf dieser Seite.

2 Was müsste deine Wunschkirche alles enthalten? Bedenke dazu die Elemente, zu denen du ein Memory entworfen hast (→ Arbeitsheft S. 36). Du kannst aber auch ganz andere, dir **wichtige Elemente** in deine Wunschkirche aufnehmen (z.B. eine Sofaecke).

3 **Beschrifte** die Elemente in deiner Zeichnung.

4 **Vergleicht** eure persönlichen Wunschkirchen untereinander wie auch mit dem Grundriss der romanischen Kirche (→ ZdF S. 180). Was fällt euch auf? Notiert Stichworte in euer Heft.

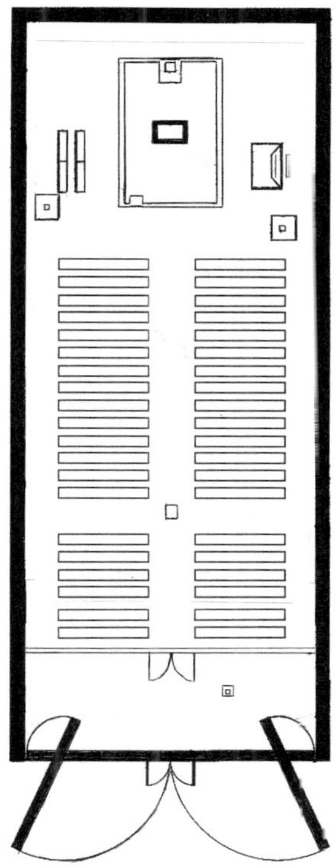

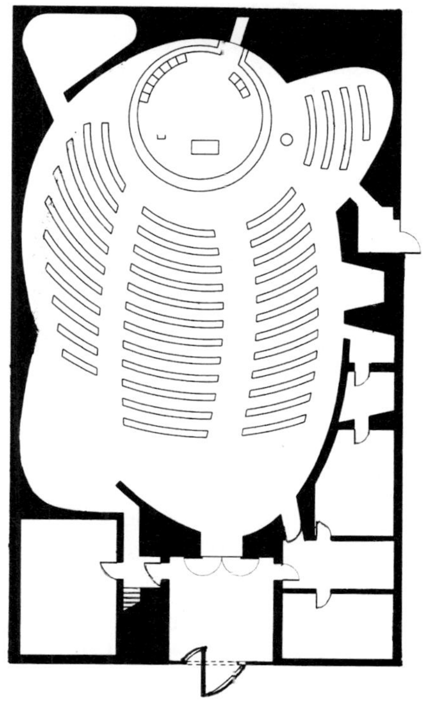

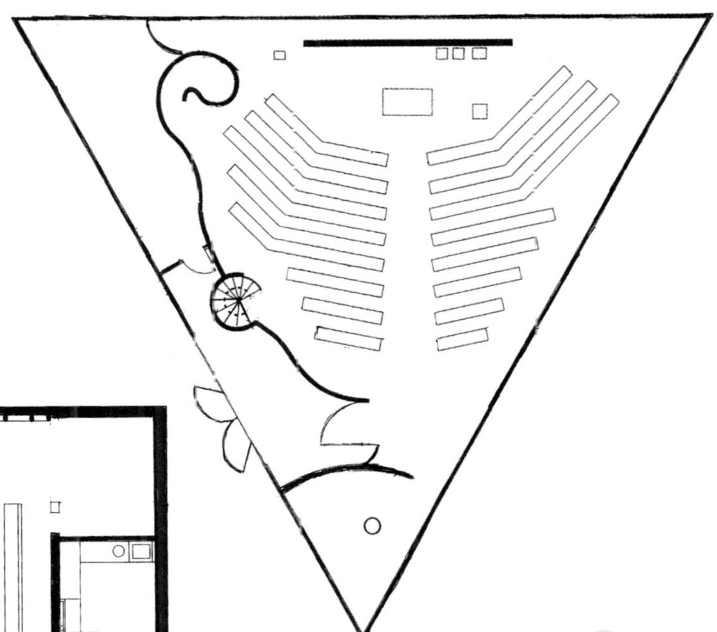

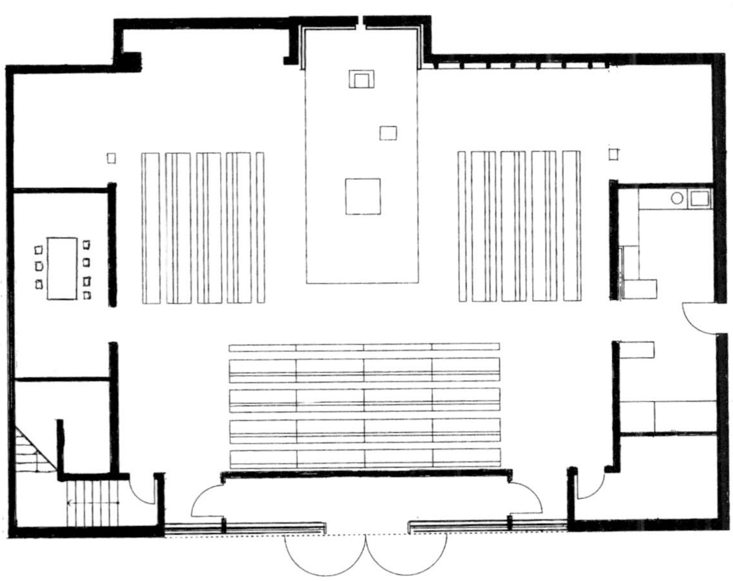

TIPP für Bastler:
Versuche deine Wunschkirche als 3D-Papiermodell herzustellen, das von einer Seite offen ist, sodass man hineinschauen kann.

1. Katholisch - Evangelisch

In Deutschland leben zur Zeit ca. 82 Millionen Menschen. Davon sind fast zu gleichen Teilen jeweils ca. 24 Millionen Einwohner (also 30%) evangelisch bzw. katholisch. Insgesamt sind damit weit über die Hälfte der deutschen Gesamtbevölkerung Christen. Sie haben viele **Gemeinsamkeiten** (z.B. Bibel), sind sich aber nicht in allem einig. Darum gibt es auch **Unterschiede** (z.B. Papst).

1 **Teste dein Wissen:** Ordne die Begriffe, die du kennst, den drei Feldern **„katholisch“** **„gemeinsam“** **„evangelisch“** zu.

2 **Umkreise** aus den beiden Türmen jeweils in gleicher Farbe die Begriffe, die doch auch **ähnlich** sind (z.B. Abendmahl - Eucharistie).

3 Überlege, welche Begriffe aus dem gemeinsamen Kirchenschiff im Detail trotzdem **verschieden** sind (z.B. Kirchenlieder). **Unterstreiche** diese Wörter.

4 **Verfasse ein „ABC“** zum Thema Kirche, in dem du die Begriffe auch kurz definierst.
Schreibe das „ABC“ in dein Heft.

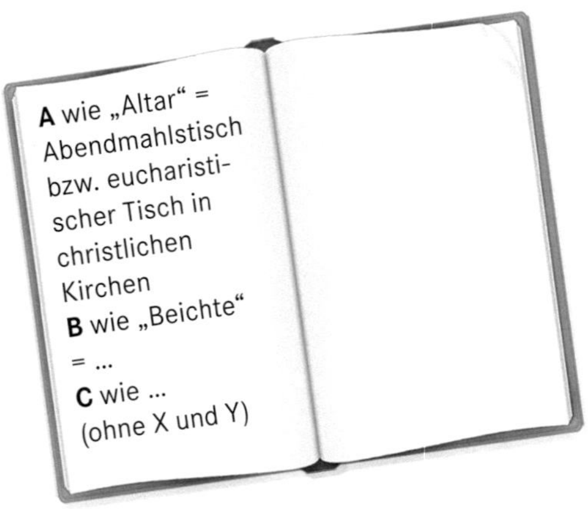

Pfingsten
SYNODE
Rosenkranz
Erstkommunion
10 Gebote
PREDIGT
Zölibat
KONFIRMATION
Pfarrer/in
MISEREOR
Firmung
Liebesgebot
Heiligenverehrung
Abendmahl
Eucharistie
MARIENVEREHRUNG
Karfreitag
PAPST
Kirchenlieder
Vaterunser
Glaubensbekenntnis
Tabernakel
Reformationstag
Beichtstuhl
Messe
TAUFE
Ostern
Messgewand
BROT FÜR DIE WELT
Kreuzzeichen
Bischof
Ministrant/in
Sakramente
Weihnachten
Talar
Presbyterium
BIBEL
PRIESTER

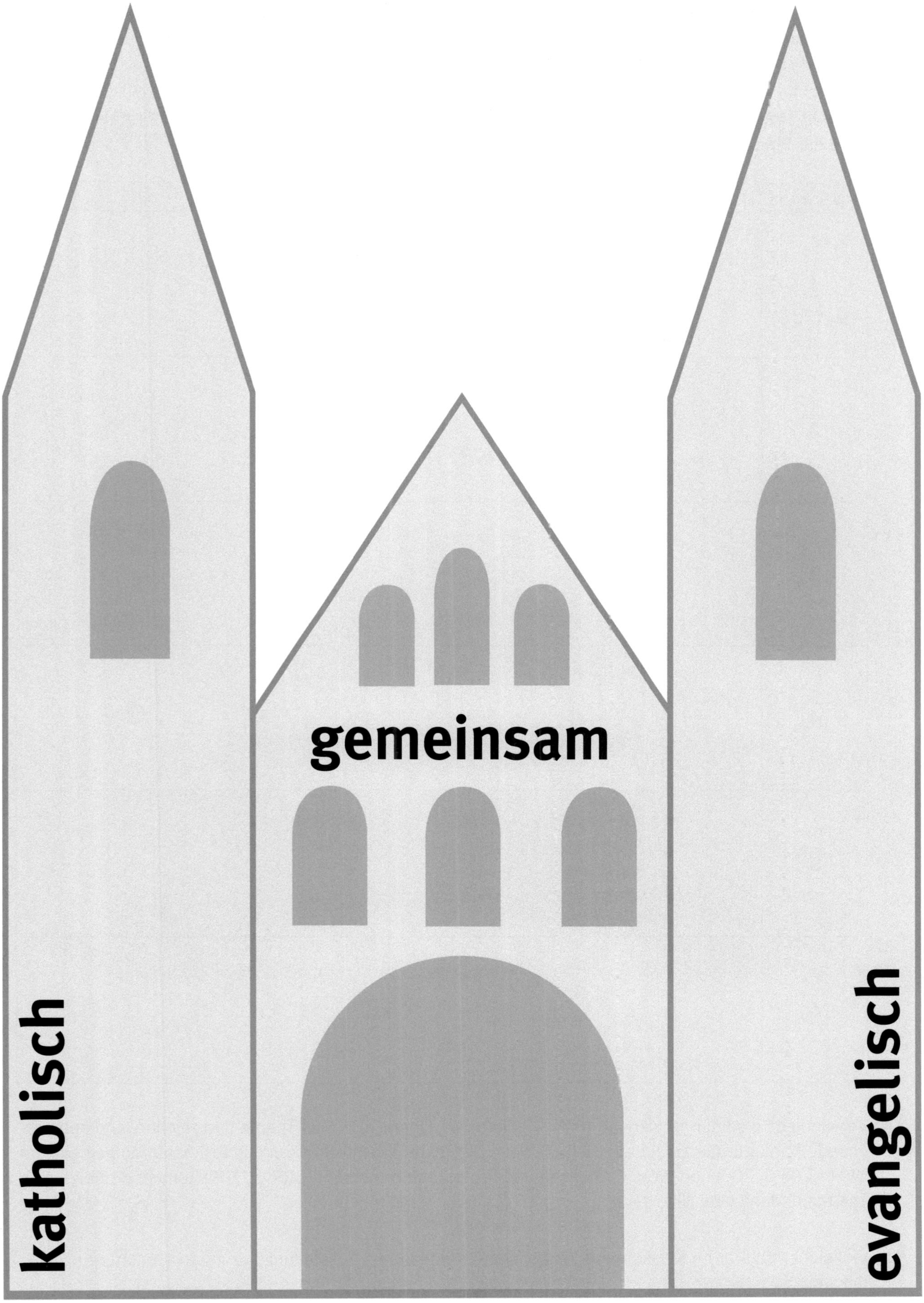
gemeinsam
katholisch
evangelisch

2. Getrennt und verbunden

„Katholisch - Evangelisch“ ist immer wieder ein beliebtes Thema für **Karikaturen**.
Auf der folgenden Seite findest du sechs solcher Karikaturen, die sich mit dem Thema „Katholisch - Evangelisch“ auseinandersetzen.

1 Überlege: Was ist in den Karikaturen dargestellt und welche Botschaften wollen sie übermitteln? Fülle die Tabelle aus.

Karikatur	Darstellung	Botschaft
1		
2		
3		
4		
5		
6		

2 Versuche dich selber als Karikaturistin/Karikaturist. Überlege dir ein Thema und zeichne eine entsprechende Karikatur hierzu auf ein DIN-A4-Blatt. Die Texte „Was Katholiken und Protestanten gemeinsam ist“ (→ ZdF S. 208) und „Was Katholiken und Protestanten trennt“ (→ ZdF S. 209) können dir bei der Themenfindung eine Hilfe sein.

3 Vielleicht mögt ihr im Klassenraum/in der Schule eine kleine Ausstellung mit euren Karikaturen machen.

Freikirche
DIE BIBEL
»Und ich wette: Irgendetwas haben wir doch gemeinsam!«

1

2

ÖKUMENE

3

4

ÖKUMENE

5

PROT.
RÖM.-KATH.

6

3. Ökumenisch

„Ökumene“ ist ein griechisches Wort und heißt übersetzt **„die bewohnte Erde“.** In der Ökumenischen Bewegung, die als Zeichen ein Schiff mit einem Kreuz als Mast hat, versuchen die Kirchen trotz ihrer Verschiedenheiten praktisch zusammenzuarbeiten. Viele Jahrhunderte lang haben sich die verschiedenen Konfessionen untereinander bekämpft. Heute sehen sie die Notwendigkeit, Probleme gemeinsam zu bewältigen, denn nur eine gemeinsame Kirche wird auf Dauer eine Zukunft haben. Deshalb wurde bereits 1948 der **„Ökumenische Rat der Kirchen“** gegründet, ein Zusammenschluss von über 300 christlichen Kirchen verschiedener Konfessionen. Ein weiterer wichtiger Meilenstein auf dem Weg in eine gemeinsame Zukunft war der bundesweit **erste Ökumenische Kirchentag 2003 in Berlin**, dem 2010 ein zweiter Ökumenischer Kirchentag in München gefolgt ist.

Ein Schiff, das sich Gemeinde nennt

Text und Melodie: Martin Gotthard Schneider 1960

2. Das Schiff, das sich Gemeinde nennt, liegt oft im Hafen fest,
weil sichs in Sicherheit und Ruh bequemer leben lässt.
Man sonnt sich gern im alten Glanz vergangner Herrlichkeit
und ist doch heute für den Ruf zur Ausfahrt nicht bereit.
Doch wer Gefahr und Leiden scheut, erlebt von Gott nicht viel.
Nur wer das Wagnis auf sich nimmt, erreicht das große Ziel. *Bleibe …*

3. Im Schiff, das sich Gemeinde nennt, muss eine Mannschaft sein,
sonst ist man auf der weiten Fahrt verloren und allein.
Ein jeder stehe, wo er steht, und tue seine Pflicht;
wenn er sein Teil nicht treu erfüllt, gelingt das Ganze nicht.
Und was die Mannschaft auf dem Schiff ganz fest zusammenschweißt
in Glaube, Hoffnung, Zuversicht, ist Gottes guter Geist. *Bleibe …*

4. Im Schiff, das sich Gemeinde nennt, fragt man sich hin und her:
Wie finden wir den rechten Kurs zur Fahrt im weiten Meer?
Der rät wohl dies, der andre das, man redet lang und viel
und kommt – kurzsichtig, wie man ist – nur weiter weg vom Ziel.
Doch da, wo man das Laute flieht und lieber horcht und schweigt,
bekommt von Gott man ganz gewiss den rechten Weg gezeigt! *Bleibe …*

5 .Ein Schiff, das sich Gemeinde nennt, fährt durch das Meer der Zeit.
Das Ziel, das ihm die Richtung weist, heißt Gottes Ewigkeit.
Und wenn uns Einsamkeit bedroht, wenn Angst uns überfällt:
Viel Freunde sind mit unterwegs auf gleichen Kurs gestellt.
Das gibt uns wieder neuen Mut, wir sind nicht mehr allein.
So läuft das Schiff nach langer Fahrt in Gottes Hafen ein! *Bleibe …*

1 Untersuche die **Liedstrophen**: Was sagt das Lied über das Schicksal der christlichen Gemeinde aus?

1. ______________________________

____

2. ______________________________

____

3. ______________________________

____

4. ______________________________

____

5. ______________________________

____

2 Wo übt das Lied **Kritik** an der Praxis der Gemeinden?

____

____

____

3 Führe mit deiner Nachbarin/deinem Nachbarn ein **Interview** durch. Mache dir dabei zu den Antworten deiner Nachbarin/deines Nachbarn Notizen in deinem Heft.

- Was findest du an der katholischen Kirche gut, was nicht so gut?
- Was findest du an der evangelischen Kirche gut, was nicht so gut?
- Was müsste unbedingt zu einer ökumenischen Kirche dazugehören?

4 Überlege mit deiner Nachbarin/deinem Nachbarn und notiert Stichworte:
Schulklassen werden meist im **Religionsunterricht** getrennt. Sammelt Gründe, die dafür bzw. dagegen sprechen.

____

____

____

5 Was weißt du über die **ökumenische Zusammenarbeit** vor Ort in deiner Stadt? Berichte davon.

____

____

____

6 Singt zusammen das Lied „Ein Schiff, das sich Gemeinde nennt“.

● zu ZdF Seite 70–76: 3. David – Der beliebte König (II)
1a; 2b; 3b; 4c; 5b; 6a; 7b; 8c; 9a; 10c; 11b; 12c; 13a; 14b; 15c; 16b; 17a; 18c; 19b; 20b

● zu ZdF Seite 85: Die beste Gebetsschule
1. lieben; 2. hoffen; 3. glauben; 4. leben; 5. vergeben; 6. widerstehen; 7. befreien

● zu ZdF Seite 88–89: 5. Eine ganz persönliche Sache
Sinn (vgl. These 3, 5, 12), Bedeutung (vgl. These 1, 4, 7, 10, 13), Möglichkeiten (vgl. These 2, 6, 11) des Betens

● zu ZdF Seite 144–145: 4. Kreuz und Auferstehung
Was „Auferstehung" ist, können wir Menschen mit unseren äußeren Augen nicht sehen. Deshalb wäre es auch nicht möglich gewesen, die Auferstehung Jesu auf einem Foto oder in einem Film festzuhalten. Wäre ein Fernsehteam auf Golgota dabei gewesen, es hätte nichts von der Auferstehung filmen können. Was „Auferstehung" heißt, lässt sich nur in der Sprache der Symbole sagen. „Auferstehung" meint nicht, dass Tote aus ihren Gräbern aufstehen oder nach oben in den Himmel wegschweben, sondern, dass sie ganz bei Gott sind und bei ihm leben. Gott ist ein Gott des Lebens. Und deshalb dürfen wir Menschen hoffen, dass auch unser Lebensende nicht der Tod ist, sondern die Auferstehung zum Leben bei Gott.

● zu ZdF Seite 166–167: 2. Neue Energie in einer alten Welt
1) NERO; 2) MAERTYRER; 3) DIOKLETIAN; 4) DECIUS; 5) CHRISTEN

● zu ZdF Seite 168–169: 3. Unterirdische Hoffnungsorte – Die Katakomben

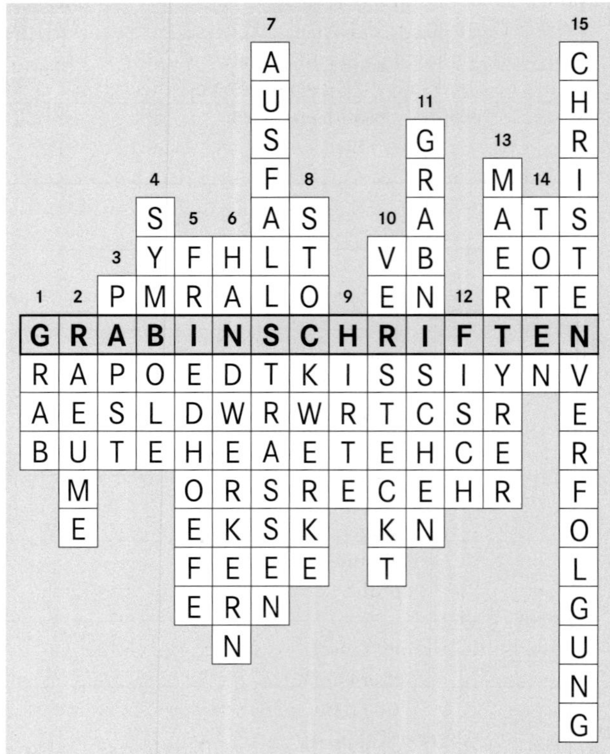

• zu ZdF Seite 196–197: 5. Das Kirchenjahr und seine Feste

1) Konstantin verehrte eine römische Gottheit mit dem Namen „Unbesiegbarer S o n n e n g o t t“, die er später leicht mit dem Christengott gleichsetzen konnte.
2) Konstantin erkannte, dass die brutalen C h r i s t e n v e r f o l g u n g e n seiner Vorgänger das Römische Reich tief gespalten hatten.
3) Konstantin verfolgte mit seinem Schritt, sich auf die Seite der Christen zu schlagen, vor allem p o l i t i s c h e Interessen, weil sich inzwischen viele Menschen für das Christentum begeisterten.
4) Konstantin gab den Christen viele Rechte und Vergünstigungen und führte den Sonntag als gesetzlichen F e i e r t a g ein.
5) Konstantin handelte aber auch unchristlich, indem er Nicht-Christen benachteiligte oder sogar verfolgte; besonders verhängnisvoll wirkte sich die Wende für die J u d e n aus.

1) Benedikt war der wichtigste Mann für das M ö n c h t u m in Europa.
2) Benedikt lebte als junger Mann drei Jahre in einer tiefen H ö h l e in Einsamkeit und Askese.
3) Benedikt wurde auf Bitte einiger Mönche aus einem nahen Kloster ihr A b t.
4) Benedikt kehrte aber schon nach kurzer Zeit enttäuscht wieder zurück, weil er erlebt hatte, dass die Mönche nicht mehrmals am Tag b e t e n und im Kloster arbeiten wollten.
5) Benedikt gründete 529 n. Chr. auf einem steilen Berg zwischen Rom und Neapel ein eigenes neues K l o s t e r mit festen Regeln für die Mönche.

1) Bonifatius war die erfolgreichste Gestalt bei der Bekehrung der G e r m a n e n.
2) Bonifatius vollbrachte in G e i s m a r (in Hessen) seine wohl berühmteste Tat.
3) Bonifatius fällte eine E i c h e, die dem Germanengott Donar geweiht war.
4) Bonifatius wurde im Alter von ca. 80 Jahren von Fanatikern erschlagen und in seinem Lieblingskloster in F u l d a begraben.
5) Bonifatius wird „der Apostel der D e u t s c h e n“ genannt.

1) Karl hat das Werk des B o n i f a t i u s weiter geführt, indem er die noch nicht zu Christen gewordenen Germanenstämme „christianisierte“.
2) Karl wurde an W e i h n a c h t e n des Jahres 800 n. Chr. in Rom zum Kaiser gesalbt.
3) Karl hat für die K i r c h e viel Gutes getan.
4) Karl hat die B i l d u n g gefördert wie niemand vor ihm.
5) Karl wandte aber auch G e w a l t an und war zu seinen Feinden grausam.

• zu ZdF Seite 204–207: Katholisch – Evangelisch

ev.: Abendmahl, Brot für die Welt, Konfirmation, Pfarrer/in, Presbyterium, Reformationstag, Synode, Talar
kath.: Beichtstuhl, Erstkommunion, Eucharistie, Firmung, Heiligenverehrung, Kreuzeichen, Marienverehrung, Messe, Messgewand, Ministrant/in, Misereor, Papst, Priester, Rosenkranz, Tabernakel, Zölibat
gemeinsam: 10 Gebote, Auferstehung, Bibel, Bischof, Glaubensbekenntnis, Karfreitag, Kirchenlieder, Liebesgebot, Ostern, Pfingsten, Predigt, Sakramente, Taufe, Vaterunser, Weihnachten
„gemeinsam und doch verschieden“: Bibel (verschiedene Bibelausgaben: Lutherbibel und Einheitsübersetzung; die Bibel als das „erste Prinzip der Theologie“ [Martin Luther] hat höhere Bedeutung im Protestantismus), Bischof (Bischöfinnen in manchen evangelischen Landeskirchen), Glaubensbekenntnis, Karfreitag (gilt vielfach als höchster Feiertag in der ev. Kirche; ist erst seit dem 2. Vatikanum [1962–1965] offizieller Feiertag in der kath. Kirche), Kirchenlieder (GL: Gotteslob / EG: Ev. Gesangbuch; viele Lieder gemeinsam), Predigt (zumeist Mittelpunkt in einem ev. Gottesdienst im Gegensatz zum Schwerpunkt einer mehr symbolträchtigen Feier der Liturgie in der kath. Messe), Sakramente (zwei gemeinsame: Taufe und Abendmahl/Eucharistie)
„verschieden und doch ähnlich“:
Abendmahl – Eucharistie,
Brot für die Welt – Misereor,
Erstkommunion (erster Kommunionbesuch zumeist am „Weißen Sonntag“) / Firmung (Besiegelung, wörtl. Festigung des mit der Taufe geschenkten neuen Lebens durch Handauflegung und Salbung mit wohlriechendem Olivenöl durch einen Bischof) – Konfirmation (Erinnerung an die bleibende Zusage der Taufe und im [unter Umständen ersten] Abendmahl Stärkung für den Weg aus der Kindheit in die Zukunft),
Priester – Pfarrer/in (kath.: Priesterweihe – ev.: Ordination)

Textverzeichnis
S. 12: Marc Chagall, zit. nach dem Klappentext von Marc Chagall, Die Bibel. Gouachen, Aquarelle und Zeichnungen aus dem Nachlass des Künstlers, hg. von Berthold Roland, Mainz: von Zabern 1989.
S. 19: Nach Hans-Martin Lübking, Kursbuch Konfirmation, Düsseldorf: Patmos [2]2006.
S. 22–23, 25 Einheitsübersetzung © Katholische Bibelanstalt GmbH, Stuttgart.

Abbildungsverzeichnis
2–3: vario images
6: Fotolia
12: © Corbis. All Rights Reserved
14: Fotolia
15: Fischer Taschenbuchverlag, Frankfurt am Main
21 v. l. n. r.: (Reihe 1) akg-images/bilwissedition; Mauritius Images/Alamy; akg-images; (Reihe 2) akg-images; Mauritius Images/Alamy; Oldenbourg Schulbuchverlag, München; (Reihe 3) picture alliance; Interfoto/Sammlung Rauch; akg-images; (Reihe 4) action pres; SZ-Photo; (Reihe 5) Philippe Maillard/ akg-images; Mauritius Images/imagebroker
23: ClassicStock/akg-images
27: akg-images
30: © Corbis. All Rights Reserved
35/37: Aus: Formen und Stile. Christentum, von Yves Christe, Hanna Losowka, Roland Recht, Tania Velmans, Köln 1994, v. l. n. r (Reihe 1) Nr. 470, 293, Meyers Konversationslexikon, 6. Aufl., 1905–1909, Bd. 1, S. 115; (Reihe 2) Formen und Stile, a. a. O. Nr. 378, 527, 9.
43: (1) © Tiki Küstenmacher
(2) © Jals
(3) © Thomas Plaßmann
(4) © Jules Stauber
(5) © NEL
(6) © Gerhard Mester
44: WCC

Religion – Sekundarstufe I
Band 1
Zeit der Freude
Arbeitsheft 6

erarbeitet von Christoph Menn-Hilger

Redaktion:	Berthold Frinken
Bildassistenz:	Christina Sandig
Umschlaggestaltung:	Gabriele Schenk, München
Layout und technische Umsetzung:	Rainer Moers, Viersen

www.oldenbourg-bsv.de

Die Links zu externen Webseiten Dritter, die in diesem Lehrwerk angegeben sind, wurden vor Drucklegung sorgfältig auf ihre Aktualität geprüft. Der Verlag übernimmt keine Gewähr für die Aktualität und den Inhalt dieser Seiten oder solcher, die mit ihnen verlinkt sind.

1. Auflage, 1. Druck 2014

Alle Drucke dieser Auflage sind inhaltlich unverändert und können im Unterricht nebeneinander verwendet werden.

Druck: H. Heenemann, Berlin

ISBN 978-3-7627-0539-0

PEFC
PEFC/04-31-1156

PEFC zertifiziert
Dieses Produkt stammt aus nachhaltig bewirtschafteten Wäldern und kontrollierten Quellen.

www.pefc.de